MIRABEAU & SIEYÈS

OU

LA RÉVOLUTION

ET LA CONTRE-RÉVOLUTION

Par le Docteur DAMOISEAU

ANCIEN INTERNE DES HOPITAUX DE PARIS

PRÉSIDENT DE LA SOCIÉTÉ DES MÉDECINS DU DÉPARTEMENT DE L'ORNE

> Aux savants à lunettes qui, depuis trois siècles, nous escamotent littéralement l'âme humaine à l'aide de leurs télescopes et microscopes, on peut répondre :
>
> « Comme les images corporelles ou *espèces*, vos âmes dont vous osez nier l'existence, n'en rayonnent pas moins avec l'espace géométrique, qu'elles colorent, dans tout l'univers. »

PARIS

VICTOR PALMÉ, LIBRAIRE-ÉDITEUR

25, RUE DE GRENELLE-SAINT-GERMAIN, 25

1876

MIRABEAU & SIEYÈS

ou

LA RÉVOLUTION

ET LA CONTRE-RÉVOLUTION

Par le Docteur DAMOISEAU

ANCIEN INTERNE DES HOPITAUX DE PARIS

PRÉSIDENT DE LA SOCIÉTÉ DES MÉDECINS DU DÉPARTEMENT DE L'ORNE

> Aux savants à lunettes qui, depuis trois siècles, nous escamotent littéralement l'âme humaine à l'aide de leurs télescopes et microscopes, on peut répondre :
>
> « Comme les images corporelles ou *espèces*, vos âmes dont vous osez nier l'existence, n'en rayonnent pas moins avec l'espace géométrique, qu'elles colorent, dans tout l'univers. »

PARIS

VICTOR PALMÉ, LIBRAIRE-ÉDITEUR

25, RUE DE GRENELLE-SAINT-GERMAIN, 25

1876

MIRABEAU ET SIEYÈS

OU

LA RÉVOLUTION ET LA CONTRE-RÉVOLUTION

MIRABEAU ET SIEYÈS

ou

LA RÉVOLUTION ET LA CONTRE-RÉVOLUTION

> Aux savants à lunettes qui, depuis trois siècles, nous escamotent littéralement l'âme humaine à l'aide de leurs télescopes et microscopes, on peut répondre :
>
> « Comme les images corporelles ou *espèces*, vos âmes dont vous osez nier l'existence, n'en rayonnent pas moins avec l'espace géométrique, qu'elles colorent, dans tout l'univers. »

A Monsieur le professeur BOUILLAUD.

ILLUSTRE ET CHER MAITRE,

En prenant la liberté de vous dédier aujourd'hui ce nouvel écrit, je dois vous remercier de l'épître pleine d'opportunité que vous venez d'adresser au docteur Sales-Girons : heureux incident auquel nous devons une nouvelle exposition du *Vitalisme orthodoxe*, cette doctrine qui restera, quoi qu'on en puisse dire, l'honneur du journalisme médical à notre époque.

Si mes convictions, comme les vôtres, illustre et cher Maître, ne diffèrent pas, quant au fond, de celles du docteur Sales-Girons, elles s'en distinguent néanmoins par quelques nuances que je suis heureux, à cette occasion, de pouvoir mettre, en peu de mots, sous vos yeux.

Toutes les fois que le Rédacteur en chef de la *Revue médicale* parle de l'âme humaine, *seule et unique et suffisant à tout*, je ne songe pas à le contredire, mais je me dis à moi-même : cette âme pourtant ne saurait être plus indépendante que ne l'est l'homme lui-même qui a, en Dieu, comme dit l'Apôtre, *la vie, le mouvement et l'être*; et ce Dieu est ici l'*Homme* divinement constitué le juge des vivants et des morts, soleil de justice et flambeau de la vraie lumière qui est, hélas ! encore parmi nous, aujourd'hui, trop réellement *le Dieu inconnu !*

Et quand, en parlant du corps humain, il nous dit : « Le corps est ce que l'âme a de plus intime ; ce n'est pas une prison, c'est un temple (1), » je ne puis dissimuler qu'en une telle pensée se trouve contredite cette vérité fondamentale en médecine comme en morale, à savoir : que l'homme est double, c'est-à-dire tout à la fois *céleste* et *terrestre* : céleste par l'image qu'il porte en lui-même, non-seulement de son propre corps, mais encore de tous les corps, et terrestre par son corps matériel soumis aux lois de la pesanteur.

L'homme est céleste encore par *le sang rouge* qui, semblable à la lumière, vivifie tous ses organes ; et il est terrestre aussi par *le sang noir*, que je ne puis m'empêcher de considérer comme le vestige ténébreux de l'antique prévarication dans l'organisme.

Deux mondes opposés, ennemis même, habitent donc en l'homme, sous un même toit, et, si l'on peut parler ainsi, enveloppés dans une même peau et condamnés à une lutte éternelle.

Tel est l'antagonisme mystérieux de la Vie et de la Mort, dont le divin Rédempteur a voulu, pour nous sauver, nous donner le spectacle dans sa propre personne : *Mors et Vita duello con... re mirando : dux vitæ mortuus regnat vivus.*

Je suis avec le plus profond respect,

Illustre et cher Maître,

Votre tout dévoué.

D^r D.

LA VÉRITÉ, LA VERTU, LA SAGESSE

« L'élite de notre génération ne croit plus aux trois faux dogmes de 89, savoir : *la perfection originelle, l'égalité providentielle* et *le droit de révolte...*

« Il est peu opportun de se mêler aux débats irritants de chaque jour, alors même que l'on s'inspire de l'amour et de la sagesse. A la complication créée par les passions il faut opposer la simplicité des vérités essentielles...

(1) *Revue médicale de* 1876, 27 mars, page 388 du n° 13, neuvième ligne.

« Depuis les premiers âges, les peuples ne se sont estimés heureux que quand ils ont joui de la paix sociale : or cette paix ne leur a été acquise que sous l'empire de la loi suprême, c'est-à-dire dans la soumission au Décalogue éternel (1). »

Cette paix ne vient pas de l'homme. *Il a désarmé le ciel et détrôné les tyrans*, a-t-on dit de Franklin, libérateur de l'Amérique ; combien cette louange est plus applicable au divin Libérateur du monde, duquel seul on peut dire avec vérité :

Eripuit cœlo fulmen sceptrumque tyrannis (2) !

Nous sommes au moment fatal : la société agonise et ses dernières convulsions approchent.

L'Europe, depuis trois siècles, est décimée par la Révolution, cette peste noire du monde moral en Occident. On dirait le Dragon de l'abîme : elle nous enveloppe, elle nous serre de ses inextricables nœuds. Sous cette étreinte, conservons notre sang-froid, et avisons au moyen de nous en délivrer.

La Révolution a deux phases redoutables : dans la première, toutes les passions se soulèvent contre l'Église par les révoltes successives de Luther, de Louis XIV et de Voltaire : dans la seconde, elle éclate comme le tonnerre, au sein de l'Assemblée constituante, par la bouche de Mirabeau rugissant, pour ainsi dire, la souveraineté des Droits.

« Vous voulez être libres, et vous ne savez pas être justes ! » lui répond l'un de ses collègues : c'était le fameux Sieyès, député de la Sarthe.

La passion qui dominait alors et qui, pour notre ruine, règne et gouverne encore aujourd'hui, ne permit pas de comprendre qu'en violant les droits inviolables de la justice, on constituait réellement l'esclavage au lieu de la liberté.

Ignorante et infortunée race que nous sommes, comprendrons-nous une fois le seul principe de toute liberté ?

Le sensualisme, voilà notre mal capital : nous sommes, sans nous en douter, les vils esclaves de nos sens.

Placés par la munificence du Créateur en face d'un splendide banquet, les parfums et l'aspect des mets nous portent à la tête ; et

----

(1) Extrait d'une lettre de M. Le Play, membre du Conseil général de l'Association générale des médecins de France, du 15 février 1876.
(2) Et cela, avec la pointe du glaive qui lui perça la poitrine.

nous nous laissons asphyxier comme ce royal imbécile d'Allemagne noyé dans son tonneau de malvoisie.

L'illusion est l'inévitable lot de toute existence animale. « Quiconque cherche le bonheur hors de soi, dit saint Augustin, se dissipe comme la fumée sur les objets visibles et temporels. Cynique (1) déception, sa famélique pensée n'en lèche que les images! »

Pauvres sensualistes, ouvrons enfin les yeux de notre esprit : reconnaissons et rectifions une fatale erreur qui depuis trop longtemps nous égare; et apprenons enfin à distinguer dans la sensation visuelle, vulgairement appelée *matière*, la substance corporelle de ce qui n'en est que l'apparence. Car dans notre état présent, nous ne connaissons point les choses immédiatement, mais nous les voyons par le miroir naturel de nos yeux avec l'intermédiaire des images.

C'est ainsi que la vérité (ou *ce qui est*) demeure pour toute intelligence à l'état de problème ou d'énigme ; et nous nous retrouvons toujours enchaînés dans la caverne de Platon, avec tous nos progrès imaginaires et notre maladive horreur pour le jour et la liberté.

Comment sortir de cette captivité ténébreuse? L'œuvre n'est pas difficile, il suffit pour cela d'un instant de réflexion sur la plus simple et la plus décisive de toutes les expériences.

Prenez entre vos mains un corps quelconque, un boulet de canon, par exemple ; il n'est composé, à votre avis, d'autre chose que ce que vous appelez *la matière*.

Eh bien, c'est là une erreur capitale : éloignez ce boulet à cent mètres seulement et vous constaterez qu'à cette distance, il a considérablement perdu de son volume à vos yeux matériels. Pourtant, en réalité, il n'a pas changé de grosseur : son éloignement ou son rapprochement de l'organe visuel de l'observateur ne sauraient faire varier ses invariables dimensions.

Il y a là une distinction fondamentale qui échappe fatalement au matérialiste : le boulet qu'il voit n'est, en effet, que l'image du boulet véritable *que l'intelligence seule peut atteindre*.

L'objet de la sensation visuelle comprend, par conséquent, deux choses parfaitement distinctes : le corps proprement dit avec ses dimensions fixes qui appartient à la terre, et l'image

(1) **De chien.**

essentiellement variable, qui est une lumière d'origine céleste que le matérialiste s'obstine à transformer en boue et qu'il s'assimile. C'est la gloire de Copernic de nous avoir appris à distinguer les astres réels de leurs images ou apparences : pourquoi donc, dans l'étude des corps qui nous environnent et qui nous sont aussi représentés par leurs images, ne pas mettre en pratique cette méthode vraiment scientifique?

Cette lumière offre ce caractère étrange, qu'au lieu d'éclairer elle aveugle selon les dispositions de l'observateur. Aussi voyons-nous tous les jours, que l'œil mauvais du matérialiste ne découvre rien que le néant, tandis qu'au contraire l'œil pur qui s'illumine par l'intelligence, voit la lumière de l'Être Principe de toutes choses.

La vérité ne peut se montrer que voilée à nos yeux malades : « cette lumière qui éclaire l'homme en ce monde, dit le docteur Brierre de Boismont, n'est ici-bas que la lueur de celle qui, dégagée de ses ombres, brillera d'un éclat immortel dans les splendeurs de l'autre vie. »

Exposons les choses dans leur vrai jour; la science unie ici à la vérité produisant tout germe de vertu, de sagesse et de bonheur, met en relief cette science prétendue du Père du mensonge qui n'a jamais produit que des ferments de discorde et de révolution.

Pas de liberté ni de lumière sans le Christ-Vérité : pour inaugurer parmi nous le vrai progrès, en d'autres termes, pour rendre à la France son Dieu, élevons le plus grand nombre possible d'écoles de théologie, et arborons au sommet de l'édifice social le signe lumineux de la délivrance et du salut (1).

Il est une loi inviolable pour les sociétés comme pour les individus : *tout recevoir et tout rendre* — loi éternelle de la justice : cette loi nous apparaît dans la respiration où l'expiration rend ce que l'inspiration reçoit (2).

Tout recevoir et tout garder — loi de l'esprit du mal, de ce

(1) Voir les *Conférences médicales*, chez Victor Palmé.

(2) Ce principe de l'esprit de vie, appliqué dans les machines à vapeur, a renouvelé sous nos yeux la face de la terre. Il est constitué par l'*alternance du plein et du vide*, deux états absolument contraires comme la vie et la mort, dont les souffles en sens inverse rappellent à la science l'*entrecroisement* de nos deux principales artères à la base du cœur, et à la Foi celui des deux bras de l'instrument de notre salut : tant il est vrai que le mystère de notre Rédemption se révèle dans la structure anatomique du *principal de nos organes!*

Père du mensonge qui ne respire plus l'esprit de vie depuis qu'il a voulu s'approprier le Don divin.

Le grand Révolutionnaire, le voilà : c'est lui qui sépare encore aujourd'hui l'homme de son Auteur; de là cette asphyxie de l'humanité à laquelle il nous faut à tout prix porter remède en rétablissant dans la volonté humaine cette loi de justice dont nous parlons, savoir : celle de tout recevoir et de tout rendre en un perpétuel élan de reconnaissance vers l'éternel Principe de tout bien.

Le matérialiste ne s'étrangle et ne s'asphyxie que par orgueil. Encore un coup, ne confondons jamais le phénomène avec la substance ; mais, pour nous préserver de cette méprise fatalement mortelle, contemplons sans cesse sur la montagne de la Rédemption les deux flambeaux vivants où viennent *s'allumer les âmes*, parce que là brille le glaive de l'Esprit qui sépare le ciel de la terre, l'image du corps, la lumière des ténèbres. Car le regard qui s'arrête à la création pour l'adorer stupidement est condamné, par là même, à ne la pas voir : l'âme, en effet, est dans un rapport profond, mystérieux, avec son auteur, qui est sa vie, et elle ne peut s'en séparer sans s'anéantir en quelque sorte elle-même.

M. P. Bert, en démontrant que l'oxygène, cet air vital par excellence, à l'état de *tension* ou de *compression*, est non-seulement *inerte* mais encore *délétère*, a mérité certes la plus belle des couronnes académiques ; puisqu'il a scientifiquement mis en lumière le troisième terme ou côté du divin triangle, qui est le Souffle ou l'Esprit, et dont les deux premiers sont la Substance et le Phénomène.

Nous sommes bien certainement arrivés à la fin des temps, ou mieux, à la fin de ce vieux monde matérialiste et égoïste qui, n'ayant rien pu comprendre à l'éternelle Rédemption par le sacrifice chrétien, s'enténèbre de plus en plus et s'abîme sous nos yeux dans l'éternelle nuit. Saint Bernard nous fait comprendre comment aux horribles ténèbres de l'heure présente, vont se substituer les clartés de l'éternel jour (1).

Depuis trois siècles, les savants qui ont cultivé les sciences naturelles à l'aide du télescope et du microscope, ont commis, par une inconcevable méprise, l'erreur monstrueuse qui consiste à

(1) Voir aux *Pièces justificatives*, p. 13.

prétendre observer les corps eux-mêmes directement, sans aucun intermédiaire, c'est-à-dire sans faire la distinction fondamentale du phénomène, seul visible, d'avec la substance, toujours et nécessairement invisible.

« Cet illustre et très-savant Père Secchi, dont les travaux consciencieux et lucides ont fait de l'astronomie une science des plus attrayantes, écrit le docteur Eugène Fabre, de Marseille, a pu fouiller, non avec la pensée, non avec l'imagination, mais avec les instruments *d'observation directe*, ces grands abîmes de flammes électriques ou phosphorescentes qui composent le soleil et assister aux phénomènes (1) les plus grandioses, les plus soudains, les plus inattendus.

« Une chose ressort certaine de l'ouvrage du Père Secchi, ajoute-t-il, c'est que l'activité du soleil est soumise à des agitations qui influent *nécessairement* sur les radiations calorifiques et lumineuses et, par conséquent, sur les phénomènes physiques et organiques à la surface de toutes les planètes (2). »

Il est manifeste qu'en observant les corps eux-mêmes directement et sans intermédiaire, et en admettant en même temps avec Galilée que dans l'univers il n'y a que de la matière et du mouvement, et, par suite, dans la science elle-même, que le résultat brut de l'observation instrumentale directe, le très-révérend Père Secchi et son école mettent sous le boisseau et escamotent réellement, si l'on peut parler ainsi, cette lumière dont il est question dans l'Évangile et dont nos corps sont les réflecteurs.

En effet, l'image, espèce ou idée sensible, ce vêtement lumineux de tout corps accessible à notre vue, qui est tout à la fois un mode de la substance spirituelle de nos âmes et une forme de la céleste clarté, ils l'ont éteinte dans leurs esprits; et en lui substituant partout ce qu'ils appellent *la matière*, ils se sont fait par là même un noir cachot du spectacle radieux de l'univers !

Le soleil matériel, tel que nous le représente le Père Secchi dans ses photographies splendides, a donc *la propriété d'éclairer* au même titre que la cellule du professeur Robin a *celle de*

---

(1) Notons ici que l'inflexible logique contraint le sophiste qui prétend observer directement les substances ou les corps eux-mêmes à écrire qu'*il assiste aux phénomènes*.

(2) Journal *l'Étoile de la Méditerranée*, feuilleton du 26 janvier 1876.

naître ; et astronomes et physiologistes, de concert, à la vue des foules émerveillées et séduites, font circuler les astres et évoluer les cellules, sans Dieu, dans l'immensité des espaces !

En présence de ce renversement monstrueux de la logique, je me suis demandé si une telle méthode était, réellement et au fond, prise au sérieux et mise en pratique par ceux-là mêmes qui officiellement la professent ? Eh bien ! non, il n'en est rien, et je viens d'en acquérir la preuve irréfragable.

Consulté par le docteur Ponza, directeur de l'Asile des aliénés de la ville d'Alexandrie, en Lombardie , sur la valeur qu'avait à ses yeux l'idée nouvelle de traiter les aliénés *par la lumière colorée* et sur son mode d'exécution, le très-révérend Père Secchi a répondu textuellement :

« L'idée de traiter les troubles des aliénés en rapport avec les perturbations magnétiques et avec la lumière colorée, et surtout la violette, du soleil, est d'une importance remarquable, et je la crois bien digne d'être cultivée (1). »

Après cette application solennellement conseillée de la lumière colorée du soleil, que nous reste-t-il à faire, si ce n'est de porter au très-révérend Père Secchi le défi solennel de nier désormais l'existence de cette même lumière colorée qui non-seulement agit sur l'âme des aliénés, mais encore procure tous tous les jours à l'illustre astronome les admirables spectacles qu'amplifient ses télescopes ?

Il y a donc autre chose dans l'univers que *matière* et *mouvement* : il y a *la lumière*, et le temps n'est plus de se faire du haut de la chaire d'astronomie au Collége romain, la trompette de ce faux principe d'un matérialisme trois fois séculaire !

(1) *Gazette des hôpitaux* de Paris, mars 1876.

LES TROIS JOURS DE L'HOMME.

En sortant des mains de leur Créateur, dans le Paradis terrestre, nos premiers parents, avant le péché, vivaient en présence de deux mondes essentiellement différents : le monde spirituel et divin et son soleil, et l'ensemble des corps qui constituent l'univers matériel, et ils étaient éclairés, libres et heureux dans ce premier jour.

Quand ils eurent prêté l'oreille au perfide conseil du Génie du mal, sous la forme du serpent, ils s'éloignèrent de leur Créateur, retombèrent sur eux-mêmes et confondant les corps avec leurs images et les images avec les corps, c'est-à-dire les ténèbres avec la lumière et la lumière avec les ténèbres, ils se trouvèrent en révolte ouverte contre lui. Tel est le jour de l'antique conspiration.

« Quand vous aurez élevé le Fils de l'homme au-dessus de la terre », c'est-à-dire (qu'il me soit permis de mettre ces paroles dans la bouche du divin Maître) quand vous aurez appris à distinguer dans ma personne le corps qui est terrestre de l'image qui est céleste et que vous m'aurez vu volontairement expirer pour vous enseigner *la mystérieuse résurrection de l'âme* (1), « alors vous saurez que je suis » l'auteur d'une nouvelle vie et d'un jour nouveau qui est celui de la Justification ou Rédemption, « et j'attirerai tout à moi. »

Et c'est ce que l'on voit arriver tout justement, en effet, le jour où, à la première prédication de sanit Pierre, trois mille Juifs se convertissent *et conçoivent le Verbe*.

Et quant à nous, après dix-huit siècles de christianisme, lorsque nous serons enfin parvenus à nous familiariser de nouveau avec le monde spirituel et divin et son soleil, *nous verrons nos âmes rayonner avec l'espace géométrique dans tout l'univers, et ce sera*

---

(1) C'est-à-dire la respiration spirituelle qui à chaque instant rend au Créateur tout ce qu'elle en reçoit. *Adorer* c'est *vivre*, et vivre c'est adorer, dit Lamartine; ne pas adorer donc, c'est-à-dire adorer son propre *moi*, qu'est-ce, je le demande, si ce n'est se condamner soi-même à la mort éternelle ?

le jour de la Science (1) succédant au jour de la Foi, le troisième jour de la glorieuse résurrection de nos âmes. Voici à ce sujet le texte même de saint Bernard dans son soixante-douzième sermon sur le *Cantique des cantiques*.

I

Le jour conspirant de l'antique prévarication.

... « Lorsqu'il créa l'homme du limon de la terre, le Créateur, suivant le récit des saints oracles, lui insuffla le souffle de vie ; et de là pour l'homme le jour inspirant ; mais voilà que l'envieuse nuit vient fondre malicieusement sur ce jour sous une fausse apparence de lumière : car, tout en promettant une clarté supérieure, celle de la science, elle répand sur le jour nouveau les ombres inattendues d'un perfide conseil ; et elle couvre le berceau de l'humanité des noires ténèbres d'une désastreuse prévarication. Malheur, malheur ! ils ne savaient pas, ils ne comprirent pas, et les voilà marchant insciemment dans l'ombre, prenant les ténèbres pour la lumière et la lumière pour les ténèbres. Enfin, la femme mangea, contre la défense de Dieu, du fruit de l'arbre que lui avait donné le serpent et elle en donna à son mari ; et il se leva pour eux un jour nouveau : soudain leurs yeux s'ouvrirent et alors se fit le jour qui conspire. Et, de fait, ce fut la conspiration et la ligue de l'astuce du serpent, de la séduction de la femme et de la faiblesse de l'homme, contre le Seigneur et contre son Christ. De là, ces paroles de Dieu à son Christ : « Voilà Adam devenu comme l'un de nous. » Parce qu'en offensant l'un et l'autre il avait acquiescé au néant, c'est-à-dire au fol et coupable espoir des pécheurs.

(1) On n'a malheureusement voulu voir dans l'illustre et trop fameux Broussais que le matérialiste systématique, et l'on a perdu de vue le grand réformateur qui *à force de brasser la matière, en a enfin dégagé l'Esprit,* en nous donnant une admirable formule des trois termes ou côtés du divin triangle, qu'il appelle avec une si exquise justesse : « l'Etre suprême, le Régulateur éternel, le Moteur central. » Sublime synthèse où la raison chrétienne peut reconnaître *le grand Tout qui soi-même s'adore !*

II

Le jour respirant de la mortification chrétienne (1).

... « Hâtons-nous de respirer hors de l'inique et antique conspiration parce que les jours de l'homme sont courts. Tâchons de
revivre sous le jour respirant avant que la nuit soupirante
vienne nous saisir pour nous envelopper dans les ténèbres
extérieures de l'éternelle nuit. Voulez-vous savoir le point où
se lève le jour respirant ? Il se lève là même où l'esprit com-
mence à convoiter contre la chair. Lui résister, c'est respirer.
Mortifier par l'esprit les actes de la chair, c'est avoir repris la
respiration ; crucifier cette chair avec ses vices et ses convoi-
tises, c'est être revenu à la vie. Je châtie mon corps, dit saint
Paul, et je le réduis en servitude de peur qu'après avoir prêché
les autres je ne sois moi-même réprouvé. Voilà bien le langage
d'un homme qui reprend la respiration ou plutôt qui a déjà
recouvré la vie. Allez et faites de même, pour vous assurer si
vous avez repris respiration, pour reconnaître si le jour inspirant une seconde fois a lui pour vous. Et la nuit de la mort
ne prévaudra pas contre ce jour que vous retrouvez. Ce jour,
au contraire, brille dans les ténèbres sans que les ténèbres le
comprennent (2).

III

Le jour aspirant de la glorieuse résurrection.

... « Maintenant, si vous voulez le savoir, ce jour au souffle
divin toujours croissant, c'est le Sauveur lui-même, objet de
notre attente qui doit refaire notre corps terrestre sur le modèle
de son corps glorieux. Car il est pareillement lui-même jour
inspirant en tant qu'il nous fait respirer dans la lumière qu'il
inspire, en sorte que nous soyons nous-mêmes en lui jour respirant, à mesure que notre homme intérieur se renouvelle de jour
en jour et se refait à l'image de son Créateur, en devenant lui-
même jour issu du jour et lumière issue de la lumière.

(1) « Jésus qui voit ton front croit voir le front du jour. » (*Châtiments.*)
(2) Il apparaît en Louise Lateau au moyen de laquelle Dieu lui-même
raconte sa passion tous les vendredis depuis huit ans, au milieu de nos
ténèbres qui ne le comprennent pas.

« Puis donc qu'en nous il y a deux jours qui précèdent, l'un inspirant pour la vie du corps, c'est-à-dire jour d'insufflation ; l'autre respirant, c'est-à-dire jour de vie dans la grâce sanctifiante ; et qu'il en reste un troisième dit jour aspirant dans la gloire de la résurrection (jour éternel), — il est évident que dans l'avenir s'accomplira dans le corps mystique de l'Église, ce qui s'est réalisé dans son chef, savoir le grand sacrement de l'amour prédit par ces paroles du Prophète :

« Il nous rendra la vie dans deux jours ; le troisième, il nous
« ressuscitera, et nous vivrons en sa présence ; nous entrerons
« dans la science du Seigneur et nous le suivrons afin de le con-
« naître de plus en plus. Son lever sera semblable à celui de
« l'aurore, il descendra sur nous comme descendent sur la terre
« les pluies de l'automne et du printemps (1). »

« Voilà donc Celui que les anges ne peuvent se rassasier de contempler, l'Époux de l'Église, Jésus-Christ Notre Seigneur, Dieu suprême, béni dans tous les siècles ! *Amen.* »

J'achevais de corriger ma dernière *épreuve*, lorsque j'ai rencontré dans un journal l'annonce d'un nouvel ouvrage de M. Auguste Nicolas, sous ce titre : *La Raison et l'Évangile* et j'ai été frappé de l'insistance du savant écrivain à signaler la dangereuse fausseté du préjugé qui a cours parmi les incrédules et aussi parmi un certain nombre de croyants sur la prétendue incompatibilité de la Raison et de la Foi, de la Science et de la Religion.

Je suis en mesure de le démontrer : M. Auguste Nicolas est ici pleinement dans le vrai. L'histoire nous fait voir, en effet, la Science et la Foi marchant en parfait accord jusqu'au seizième siècle. Et, dans ce siècle troublé où le schisme fatal s'opère, elle nous fait paraître le médecin de génie, libre penseur à sa manière, auquel il fut donné de découvrir cinquante ans avant Harwey, la circulation pulmonaire, également versé dans les choses de la Science et dans celles de la Foi, et faisant converger les rayons de ces deux flambeaux sur sa découverte splendide !

— Voir ci-contre, aux *Pièces justificatives*, quelques fragments de ses remarquables écrits et son intéressante mais, hélas ! trop tragique histoire, pages 123, 153, 247 et 265 de l'ouvrage de M. Flourens sur la découverte de la circulation du sang.

____

(1) Osée, ch. VI, ✝ 3.

PIÈCES JUSTIFICATIVES

Extraits du soixante-douzième sermon de saint Bernard sur le *Cantique des Cantiques.*

Donec adspiret dies, et inclinentur umbræ.

Les divers *jours* des hommes, et comment le *jour* le plus splendide attend *les justes* parce qu'ils vivent dans la lumière; et de quelle manière l'éternelle nuit est le partage *des injustes* ou impies parce qu'ils se sont voués aux œuvres des ténèbres.

..... « Plasmato homine de limo terræ, plasmator, sicut verax narrat historia, *inspiravit in faciem ejus spiraculum vitæ;* factus proinde illi dies inspirans : et ecce invida nox callide impegit in diem hanc, luce utique simulatâ. Nam dum quasi splendidius lumen scientiæ pollicetur, inopinatas novæ luci offudit pravi tenebras consilii, et primordiis originis nostræ tetram damnosæ prævaricationis invexit caliginem. Væ, væ, nescierunt, neque intellexerunt, in tenebris ambulant nescientes; ponentes tenebras lucem et lucem tenebras. Denique comedit de ligno mulier quod sibi dederat serpens, vetuerat Deus : deditque viro suo, et cœpit illis quasi de novo discere. Nam illico aperti sunt oculi amborum, et factus est dies conspirans, inspirantem extundens, et substituens expirantem. Conspiraverunt siquidem et convenerunt in unum adversus Dominum et adversus Christum ejus, serpentis astutia, mulieris blanditiæ, viri mollities. Unde et loquebantur mutuo, Dominus silicet et Christus ejus : *Ecce Adam factus est quasi unus ex nobis,* quod ad utriusque injuriam lactantibus se peccatoribus acquievisset.

..... « Festinemus proinde respirare à conspiratione antiquâ et iniquâ quoniam breves dies hominis sunt. Ante sane excipiat nos dies respirans, quam non suspirans absorbeat, æternæ caliginis tenebris exterioribus involvendos. Quæris in quo respiratio ista? In eo, si incipiat spiritus vicissim concupiscere adversus carnem. Huic si repugnas, respiras; si spiritu facta carnis mortificas respirasti. *Castigo corpus meum,* inquit, *et in servitutem redigo, ne forte cum aliis prædicaverim, ipse reprobus efficiar.* Vox est respirantis immo qui jam respirarat. *Vade et tu fac similiter,* ut te respirasse probes, ut diem denuo inspirantem tibi noveris illuxisse. Nec nox mortis prævalebit adversus redivivum hunc diem : magis autem in tenebris lucet, et tenebræ eum non comprehenderunt. In tantum non reor nec vitâ decedente cedere lumen vitæ, ut nemini congruentius, quam sic mortuo assignandam censeam vocem illam : *et nox illuminatio mea in deliciis meis.* Quidni clarius videat, nube, vel potius fæce, corporis evolutus? Erit sine dubio vinculis solutus corporeis inter mortuos liber et inter cæcos videns. Nam quemadmodum olim, omni oculo caligante per universum Ægyptum, solus in mediis tenebris clare videbat populus videns Deum, id est populus Israel, dicente Scripturâ quia *ubicumque Israel erat, lux erat :* sic inter filios tenebrarum, in tetrâ mortis caligine fulgebunt justi, et videbunt, eo utique clarius, quo exuti corporum umbris (1). Nam et hi qui ante non respiraverunt (nec enim quæsierunt inspirantis diei lumen et sol justitiæ non est ortus eis); hi, inquam, ibunt de tenebris in tenebras densiores, ut qui in tenebris sunt tenebrescant adhuc; et qui vident videant magis.

.... « Et si vultis scire, dies *adspirans* ipse est Salvator quem expectamus, qui reformabit corpus humilitatis nostræ, configuratum corpori claritatis suæ. *Nam et inspirans nihilominus idem ipse est, secundum operationem, qua nos respirare prius facit in lumine quod inspirat, ut simus et nos dies respirans in ipso secundum quod interior noster homo* renovatur de die in diem, et renovatur in spiritu mentis suæ ad imaginem ejus qui se creavit, factus proinde dies ex die, et lumen ex lumine. Cum igitur duo in nobis præcedant dies, unus quidem inspirans pro corporis vita, alter vero respirans in sanctificationis gratia, porro tertius supersit *adspirans* in resurrectionis gloria : claret profecto aliquando adimpletum iri in corpore quod præcessit in capite, magnum utique pietatis sacramentum, et Prophetæ testimonium qui ait : « Vivificabit nos post duos dies, in die tertia suscitabit nos, et « vivemus in conspectu ejus, *sciemus* sequemurque ut cognosca- « mus Dominum. » Ipse est enim quem angeli prospicere concupiscunt, Sponsus ecclesiæ J.-C. Dominus noster, qui est super omnia Deus benedictus. Amen. »

---

(1) « La lumière de votre corps est votre œil, dit Jésus-Christ; et s'il est simple, tout votre corps sera éclairé.

« Si donc votre corps tout entier est lumineux, s'il n'a conservé aucune partie ténébreuse, il vous illuminera comme un réflecteur de lumière. » (Saint Luc, ch. xi, v. 34 et 36.)

Extraits de l'ouvrage de M. Flourens sur l'*Histoire de la découverte de la circulation du sang*, page 265.

Le nouveau feu (1) et le nouveau jour (2) au XVIe siècle.

« Sicut elementaris hic externus ignis terreo crasso corpori, ob communem siccitatem, et ob communem lucis formam, alligatur, corporis liquorem pabulum habens, et ab aere difflatur, fovetur et nutritur : ità igneus ille noster spiritus et anima corpori similiter alligatur, unum cum eo faciens, ejus sanguinem pabulum habens; et ab aerio spiritu, inspiratione et expiratione,

(1) Platon, dans son *Phèdre*, cherche à nous faire comprendre l'âme par cette comparaison : « L'âme, dit-il, ressemble aux forces réunies d'un attelage ailé et d'un cocher ; les cochers et les coursiers des âmes divines sont tous excellents et de bonne race ; mais chez les autres êtres, leur nature est mêlée de bien et de mal. C'est ainsi que chez nous autres hommes, le cocher dirige deux coursiers, l'un excellent et d'une race excellente (*le souffle respiratoire*), l'autre bien différent du premier et d'une origine bien différente (*le souffle circulatoire*), et un pareil attelage ne peut manquer d'être pénible et difficile à garder..... et tandis que les chars des dieux toujours maintenus en équilibre par leurs coursiers dociles au frein, montent la voûte céleste sans effort, les autres la gravissent avec peine, car le mauvais coursier pèse sur le char incliné et l'entraîne vers la terre, s'il n'a pas été dompté par son cocher. C'est alors que l'âme doit subir une épreuve et une lutte suprêmes. »

Notre mauvais coursier, qui est le souffle circulatoire, est évidemment boiteux et son infirmité saute aux yeux ; c'est cette lenteur maladive du mouvement centripète du sang noir qui contraste si étrangement avec le rayonnement centrifuge du sang rouge.

Il n'en est pas ainsi dans la petite circulation où, *grâce au massage pneumatique* qui résulte pour les poumons du jeu naturel du thorax, nous voyons incessamment jaillir des veines pulmonaires les quatre sources de la vie.

Cette propriété si remarquable que possède le massage pneumatique de faciliter la circulation capillaire dans notre chair, m'a suggéré, il y a vingt-quatre ans, la méthode suivante d'opérer la saignée locale à volonté des simples mouchetures du scarificateur mécanique usuel. Placez une cloche en verre sur la peau et réalisez dans son intérieur deux ou trois fois par seconde, l'alternance du *plein et du vide* pendant deux ou trois minutes. Cela fait, détachez le verre et faites agir au même endroit le scarificateur mécanique, puis remettez la cloche en place ; et, quand vous aurez reproduit de nouveau dans son intérieur *la série des alternances de plein et de vide*, à votre grand étonnement, vous verrez sourdre le sang d'une manière continue de mouchetures dont la profondeur ne dépasse pas trois ou quatre millimètres.

(2) *Le concert de la spirituelle harmonie ordonnée dans notre admirable sens de la vue par la diastole* de l'inspiration créatrice et *la systole* de l'expiration rédemptrice, nous élève non-seulement à l'observation méthodique et scientifique, mais encore et en même temps, à la contemplation de l'éternel jour.

difflatur, fovetur et nutritur, ut sit ei duplex alimentum, spirituale et corporale. Hac loci et spiritualis fomenti ratione conveniens admodum fuit, eumdem nostri spiritûs lucidum natura locum spiritu alio sancto, cœlesti, lucido, afflari, *idque per oris Christi expirationem*, sicut a nobis inspiratione in eumdem locum trahitur spiritus. Decuit eumdem nostri intellectûs, et lucentis animæ locum, cœlesti alterius ignis luce denuò illuminari. Nam Deus primam in nobis lucernam illuminat, et subortas ibi tenebras denuò vertit in lucem (p. 272).

« Menti ergò, quæ ignea est, et lucis Dei particeps, apprimè cohæret locus ille igneus (1), et jam parta notitia, quæ etiam lucis est radius, et luminosa quædam imago. Externæ etiam rerum sensibiles species in oculum missæ, luminosæ sunt, et ab objecto luminoso, seu lucis formam habente, per medium luminosum missæ. Unde et mens ipsa magis et magis illustratur.

« Non solum a visu qui plures rerum differentias nobis ostendit, intellectus ornatur, sed et ab aliorum sensuum objectis, quæ omnia cum lucido nostro spiritu cognationem aliquam habent. Cognatio est ex omnium substantiali forma, quæ lux est, et ex spiritali ipso in singulis agendi modo. Sonus et odor instar spiritus sunt, instar spiritus in nobis agunt. Auditorum perceptio fit externo spiritu ad auris membranam feriente ipsum internum spiritum, in quo sita est lux animæ, et *spiritalis harmoniæ concentus diastole et systole ordinatus*. Odoratorum similis est fere ratio. Quæ autem gustuntur et tanguntur, quanquam corporea magis sint, tamen vires habent, ad immutandam animam aptas, illa per humiditatem, hæc per renixum : ex lucis item communi forma, et ejus varia in spiritum actione. Lucis ratione substantia hæc tota in animam agit, cum totius ideam in ea imprimit. *Substantias ipsas* nunc vident sophistæ, qui antea docebant nihil videri, nec in Deo, nec in nobis, nisi qualitates et fucatas larvas. At nos in Christo videntes substantialem lucem, in aliis quoque veræ lucis visionem prosequimur (p. 277).

(1) La substance cérébrale qui avoisine la glande pinéale.

LA VÉRITABLE VICTOIRE

Par Edgar QUINET (1).

Toute la nature travaille obscurément à s'élever jusqu'à *la conscience de l'homme de bien*, faîte et couronnement de l'univers. Lors donc que l'homme se sépare de sa conscience, il se précipite du sommet des êtres. L'homme criminel offense tous les êtres, il découronne l'univers, il décapite l'œuvre des siècles, la terre en gémit.

L'homme n'est roi que par sa volonté, sa pensée, son art, son effort quotidien. Là où le travail s'arrête, l'homme recule dans la plèbe de l'univers. Par le crime, l'homme se précipite du sommet de l'échelle des êtres au-dessous du ver de terre.

« Tu portes au-dedans de toi, dit Épictète, le sanglier d'Érymanthe, l'ours de la caverne, le lion de Némée. Dompte-les. »

———

LES DEUX MONDES DES CORPS ET DE L'ESPRIT

Par le même.

Aristote seul a réussi à embrasser les deux mondes des corps et de l'esprit. Les autres se débarrassent du fardeau en le niant.

Le matérialisme actuel est une amputation hardie de la nature humaine pour en sauver quelque chose. Oui, coupez, ajoutez et retranchez, je ne m'en plains pas. Peut-être *le cœur* se retrouvera-t-il et finira-t-il par crier!

Et moi aussi, je puis répéter avec le pasteur de l'Himalaya : je cherche, j'invoque la lumière, qu'elle vienne, qu'elle m'apporte la paix!

(1) De la Création.

« Lorsque je pense qu'*Agni*, cet être lumineux, est dans mon cœur, les oreilles me tintent, mon œil se trouble, mon âme s'égare (1). »

Je reconnais dans l'ami de la race humaine le précurseur de Prométhée. Le Dieu médiateur entre ciel et terre continue à briller en Perse. Le Sacrificateur qui se sacrifie lui-même se retrouve partout. L'Immortel, qui vient s'incorporer dans le mortel, le Dieu-Enfant que l'on voit naître, dont on connaît la mère, et qui est le nourrisson des hommes, où n'est-il pas? Christianisme avant le Christ.

Les dieux grecs et romains ne sont pas de la famille. Au contraire, je puis converser avec *Agni*, j'aime à le voir naître, grandir... Ainsi le plus ancien et le premier des dieux est encore aujourd'hui, après quatre mille ans, celui qui est le plus près de moi.

Au foyer primitif (2) s'éclairent les premiers dieux qui remplissent de leur génie les premiers jours. Tous sont nés avec le jour pour soutenir le grand combat de la lumière et de l'ombre.

(1) Texte antique de l'Inde.

(2) *Au foyer perfectionné des derniers jours*, ajouterai-je, s'allume *un nouveau feu:*

« Ce n'est pas la houille qui anime cette machine, disait *Robert Stephenson*, créateur des premières voies ferrées en Angleterre, c'est la chaleur du soleil qui a fixé le carbone dans la houille il y a des milliers d'années; les locomotives sont donc en réalité les chevaux du soleil. »

A Sa Grandeur Monseigneur F. MERCURELLI, *Secrétaire de Sa Sainteté pour les Brefs aux princes, à Rome.*

MONSEIGNEUR,

Vous avez, à n'en pas douter, trouvé on ne peut plus étrange qu'un simple médecin ait eu l'audacieuse prétention, en cinq lettres écrites à Sa Sainteté, d'indiquer au Souverain Pontife le moyen de salut qui lui a été préparé par la divine Providence.

Ce qui ne m'étonne pas moins moi-même, je vous l'avoue, Monseigneur, c'est le Bref si bienveillant, qu'à cette occasion Sa Sainteté a daigné me faire adresser, le 31 août 1874, par votre intermédiaire.

Aujourd'hui que le prince des ténèbres vient de s'emparer officiellement de l'esprit des pauvres au moyen du suffrage universel et que, par suite de ce grand événement, la société est menacée à bref délai d'un cataclysme universel, je ne puis m'empêcher de voir plus clairement que jamais le doigt de Dieu dans la trop longue histoire du martyre spirituel de D. Angelo Berzi de Bergame.

Le lendemain de la proclamation du dogme de l'Immaculée Conception (2 janvier 1855), en effet, il présentait au tribunal de l'Inquisition un manuscrit sous ce titre :

Théorie mystique de la création fondée sur l'antique philosophie chrétienne.

Et, à la demande du Président, il résumait tout son ouvrage en cette seule et unique phrase :

« Le mystère de l'Incarnation qui a eu lieu au milieu des temps, considéré sous une face mystique où tous les temps sont contemporains, *se trouve être le primum de la création*, et par suite de tout le reste. »

En vain accumula-t-il l'un sur l'autre de nombreux textes de saint Paul touchant l'*éternelle Rédemption*, il ne put se faire comprendre du président qui était le très-révérend Père FERRARI et il lui adressa cette parole en terminant :

« Ne l'oubliez pas : ce que je dis importe tellement au salut de l'Église, qu'un jour vous serez obligé, à ce sujet, de m'ouvrir la bouche que vous me fermez aujourd'hui. »

Le dogme de l'*éternelle Rédemption*, qui est magistralement exposé dans le soixante-douzième sermon de saint Bernard sur le *Cantique des Cantiques*, est scientifiquement traité d'ailleurs dans un morceau des plus remarquables d'un médecin célèbre il y a trois cents ans, que M. Flourens nous met sous les yeux (1). Ce savant libre penseur au xvi° siècle, après avoir eu assez de génie pour découvrir, cinquante avant Harwey, la circulation pulmonaire, eut encore assez de foi pour reconnaître dans sa splendide découverte ce qu'elle renfermait en réalité, c'est-à-dire la démonstration scientifique de l'*Anthropologie chrétienne* ou le glorieux avénement du grand Dieu, le plus important sans contredit, par conséquent, de tous les événements historiques.

Je suis avec le plus profond respect,

Monseigneur,

De Votre Grandeur,

Le très-humble et très-dévoué serviteur,

Docteur DAMOISEAU.

Alençon, le 16 février 1876.

(1) *Histoire de la découverte de la circulation du sang*, page 263.

Le Mans. — Typ. Ed. Monnoyer. — Mai 1876.